AF139202

Anton C. Huber

Mit dem "New Focus Ansatz" zum Erfolgs-Lebenslauf

Machen Sie aus Ihrem CV ein echtes Verkaufsdokument, das Ihnen doppelt so viele Interview-Termine einbringt!

Bibliografische Information der Deutschen Nationalbibliothek:

Die Deutsche Nationalbibliothek verzeichnet diese Publikation in der Deutschen Nationalbibliografie; detaillierte bibliografische Daten sind im Internet über http://dnb.dnb.de abrufbar.

Foto: © Trueffelpix, Fotolia
Umschlaggestaltung: Sophia Valkova
Lektorat: Annette Scholonek

Herstellung und Verlag: BoD –
Books on Demand, Norderstedt

ISBN: 978-3-7347-8653-2

Inhaltsverzeichnis

Vorwort   **8**

Der Lebenslauf – das C.V.   **11**

Grundlagen der Lebenslauf-Gestaltung **13**

Gut gemeint – was in der Praxis alles schiefläuft   *16*

Übung   *17*

Selbstmarketing   **18**

Inhalt und Aufbau   **20**

Checkliste   *25*

Zusätzliche Erfolgsfaktoren   **29**

Umgang mit Lücken im Lebenslauf   *29*

Der Slogan   *33*

Das Bewerbungsfoto   *36*

Deckblatt zum Lebenslauf   *41*

Optimieren Sie Ihren Lebenslauf   **44**

Vorwort

Bei meiner Tätigkeit als Recruiting Specialist sehe ich jährlich tausende Lebensläufe und ganze Bewerberdossiers durch. Leider scheinen viele Bewerber »den Weg des geringsten Widerstandes« zu gehen und einfach das Template von irgendeinem Textsoftware-Lieferanten oder Vorlagen-Hersteller auszufüllen. Das Ganze sieht dann ganz nett und einigermaßen professionell aus. Mit diesem Machwerk gehen sie anschließend auf die Jagd nach ihrem Traumjob und sind dann verschnupft, wenn sie eine Absage nach der anderen bekommen.

Ein Bewerbungsdossier ist nichts anderes als eine Mappe mit Verkaufsunterlagen, über die Sie Ihrem potenziellen Arbeitgeber Ihre Dienstleistungen anbieten. Dabei ist Ihre Möglichkeit, auf die einzelnen Elemente des Dossiers einzuwirken, unterschiedlich groß. Während Bewerber auf die Arbeitszeugnisse in den meisten

Fällen nur wenig Einfluss nehmen können (außer durch gute Leistung während ihrer Tätigkeit), liegt die Selbstdarstellung im Lebenslauf (neudeutsch auch CV genannt) weitgehend in ihren Händen.

Natürlich variieren die Anforderungen an ein Bewerbungsdossier nach der ausgeschriebenen Stelle. Was für eine Aushilfskraft im internen Postdienst absolut passt, wird beim Key-Account-Manager kaum akzeptiert. Besonders bizarr wird es, wenn sich kreative Köpfe auf Marketingpositionen mit der 08/15-Lebenslauf-Vorlage aus ihrem Textverarbeitungsprogramm vorstellen. Als Recruiter können Sie sich da entscheiden: Halten Sie Ihren Bewerber für unfähig oder für uninteressiert? Die Absage ist ihm in jedem Fall sicher.

In diesem kleinen Ratgeber möchte ich Ihnen einen neuen Fokus in Hinblick auf Darstellung und Vollständigkeit eines Lebenslaufes vermitteln. Das Beherzigen der Ratschläge bringt Sie in ein erheblich besseres Licht bei den Recruitern potenzieller Arbeitgeber. In vielen Fällen können Bewerber ihre Einladungen zu Interviews dadurch vervielfachen.

Viel Erfolg bei der Suche nach Ihrem Traumjob!

Ihr

Anton C. Huber

Der Lebenslauf – das C.V.

Der Lebenslauf (kurz: C.V.[1]) ist das wohl wichtigste und am meisten unterschätzte Dokument im Bewerbungsprozess. Das oft lieblos im Stil eines überdimensionierten Einkaufszettels gestaltete Blatt bietet jedem Bewerber die Möglichkeit, bei seinem potenziellen Arbeitgeber Werbung für sich zu machen. Faktisch liefert es dem Empfänger jedoch häufig Argumente für eine Ablehnung.

Richtig eingesetzt gibt ein Lebenslauf Aufschluss über die Persönlichkeit des Bewerbers. Es ist seine Chance, sich im bestmöglichen Licht zu präsentieren. Dazu wird der eigene Werdegang so gegliedert und gestaltet, dass er optimal zum Ziel des Kandidaten passt. Hierbei

---

[1] vom lateinischen Curriculum Vitae

geht es nicht darum, die Unwahrheit zu schreiben. Vielmehr hebt der Bewerber abhängig von der Stelle, auf die er sich bewirbt, unterschiedliche Aspekte im Lebenslauf hervor.

Grundlagen der Lebenslauf-Gestaltung

Ein guter Lebenslauf meistert den Spagat, vier Bereiche interessant darzustellen: berufsspezifische und branchenspezifische Merkmale, Person und Persönlichkeit.

Erhebungen haben gezeigt, dass Menschen, die in ihrem Lebenslauf als Person hervortreten (nicht nur als Funktion), eine signifikant höhere Anzahl von Einladungen zu Vorstellungsgesprächen erzielen. Gemeint ist natürlich eine Selbstdarstellung, die zur angestrebten Position passt.

Der Verfasser eines Lebenslaufes sollte sich stets bewusst sein, wer sein Leser ist und was dessen Entscheidungskriterien sind. Genauso wichtig wie der Fokus auf das Suchraster des

Empfängers ist aber die Authentizität.

Wer sich in seiner Bewerbung und seinem Lebenslauf verbiegt, um zum Interview eingeladen zu werden, verursacht nur zusätzlichen Aufwand. Ein Recruiter, der etwas taugt, wird ihm spätestens nach dem ersten Interview eine Absage senden.

Beim Erstellen eines Lebenslaufes sollten Sie folgende Kriterien beachten:

Formale Kriterien:

- Fehlerfreiheit
- Vollständigkeit
- Strukturierung
- Leserfreundlichkeit

Inhaltliche Kriterien:

- stellenrelevante Informationen zuerst
- branchenbezogene Aspekte einbeziehen
- berufliches Profil auf einen Blick erkennbar
- Bildung stellenrelevant gruppiert
- Tätigkeitsdarstellung in den verschiedenen Positionen profilrelevant dargestellt
- branchenspezifische Spezialkenntnisse klar darlegen (Sprachen, Software, spezifische Techniken)

Gar nicht oft genug kann ich betonen, dass das oberste Prinzip jedes Lebenslaufs und jeder Bewerbung die Wahrhaftigkeit ist. Wer hier lügt, wird gnadenlos ausgesiebt. Und selbst wenn er nicht auffliegen sollte: Falsche Angaben in der Bewerbung und allen entsprechenden Dokumenten – genauso wie im Vorstellungsgespräch – sind ein Grund für eine fristlose Kündigung.

Gut gemeint –
was in der Praxis alles schiefläuft

- Herr Meier bewirbt sich auf eine Management-Position in einem großen Konzern. In seinem Lebenslauf schreibt er, dass er vor 15 Jahren einen Windows-Anwenderkurs besucht hat. Herr Meier will damit darstellen, dass er sich schon immer weiterbildete. Beim Recruiter kommt an: »Ich kann keine Prioritäten setzen.«

- Frau Huber bewirbt sich für eine Anstellung als Personalverantwortliche bei einer mittelständischen Firma. In ihrem Lebenslauf zählt sie mit Stichpunkten alle 12 Tätigkeiten auf, die sie in ihrem Ausbildungsbetrieb vor 10 Jahren gemacht hat (inkl. Ablage von Arbeitsverträgen). Ich überlasse Ihnen die Wertung.

- Herr Weber bewirbt sich als Key-Account-Manager einer Firma im Bereich

Gastronomie-Bedarf. Seinem Lebenslauf ist eine zweiseitige Liste aller Software-Programme angehängt, die er kennt, einschließlich des Grads ihrer Beherrschung. Enthalten ist auch die Information, dass er Windows 3.11 und Windows 98 sehr gut kennt.

Übung

Untersuchen Sie Ihren Lebenslauf kritisch und streichen Sie mit dem Rotstift alle Informationen, die Sie in Bezug auf eine konkrete Bewerbung weglassen könnten. Anschließend notieren Sie die Aspekte Ihres Werdegangs im Lebenslauf, welche für den betreffenden Arbeitgeber interessant sein könnten.

Selbstmarketing

Potenzielle Arbeitgeber legen immer mehr Wert darauf, im Rekrutierungsprozess die Person und Persönlichkeit des Kandidaten wahrzunehmen. Eine gute Qualifikation und entsprechende Vorbildung werden in vielen Fällen vorausgesetzt, sind aber zu wenig, um die Arbeitsstelle zu erhalten. Fragen wie »Passt die Person zur Firma und ins Team?« sind genauso wichtig wie die Persönlichkeit des potenziellen Mitarbeiters.

Bei der Gestaltung des Lebenslaufs geht es darum, dem künftigen Arbeitgeber seinen USP[2]

[2] Wikipedia schreibt dazu: »Als Alleinstellungsmerkmal (engl. unique selling proposition oder unique selling point, USP) wird im Marketing und in der Verkaufspsychologie das herausragende Leistungsmerkmal bezeichnet, mit dem sich ein Angebot deutlich vom Wettbewerb abhebt. Synonym ist veritabler Kundenvorteil. Das Alleinstellungsmerkmal sollte

aufzuzeigen. Entgegen weitläufiger Meinung ist das Ziel jedoch nicht, durch die Präsentation des USPs mehr Interview-Einladungen beliebiger Art zu erhalten. Zwar kann das der Fall sein, es ist aber ebenso möglich, dass genau das Gegenteil eintritt. Ein gut herausgearbeiteter USP stellt vor allem sicher, dass der Bewerber die »richtigen« Einladungen erhält, für Positionen und Firmen, in die er auch passt. Aus diesem Grund empfiehlt es sich – gerade wenn man den Lebenslauf an bestimmte Positionen anpasst –, die eigene Authentizität nicht zu vergessen.

›verteidigungsfähig‹, zielgruppenorientiert und wirtschaftlich sein sowie in Preis, Zeit und Qualität erreicht werden. Der Begriff gehört zum Grundvokabular des Marketings. Ein Alleinstellungsmerkmal, d. h. ein einzigartiges Nutzenversprechen, soll mit dem Produkt verbunden werden.«

Inhalt und Aufbau

Ein Lebenslauf sollte je nach angestrebtem Berufsziel die folgenden Elemente enthalten (aber nicht zwingend in dieser Reihenfolge):

- **Persönliche Angaben**
- Vorname / Name
- Straße
- Postleitzahl / Ort
- Nationalität und ggf. Arbeitsbewilligung
- Telefonnummer (geben Sie eine Nummer an, über die Sie auch erreichbar sind; achten Sie auch auf den Ansagetext der Combox oder des Anrufbeantworters)
- E-Mail-Adresse (ist die Anschrift passend? »wilderhengst@....com« mag Ihnen bei gewissen Adressaten Sympathien bringen; diese sitzen aber selten in der Personalabteilung Ihres nächsten Arbeitgebers)

- Geburtsdatum
- Führerausweis – wenn für den Beruf relevant

- **Titel / Slogan**
- Ihr Slogan oder ggf. Ihr Berufstitel / Abschluss
- Berufsziel
- USP

- **Beruflicher Werdegang**
- alle Stellen mit Anfangs- und Enddatum (Monat/Jahr), Stellenbezeichnung gemäß Vertrag, Name des Unternehmens und Ort (ggf. Land, wenn international)
- erwähnen Sie zu den Stellen nur Ihre wichtigsten Tätigkeiten, die für Ihre neue Stelle relevant sind

- **Ausbildung**
- Wenn Sie ein Studium abgeschlossen

haben, ist es nicht wichtig, für die davorliegenden Schulen bis zum Gymnasium detaillierte Stationen aufzuzeigen.

- Bei weiterführenden Ausbildungen nennen Sie: Bezeichnung der Ausbildung / erworbener Abschluss, vollständiger Name des Ausbildungsinstitutes und Zeitraum der Ausbildung.

- Vermeiden Sie Abkürzungen und Akronyme, auch wenn diese bekannt sind. Schreiben Sie »Pädagogische Hochschule«, nicht »PH«.

- Geben Sie alle Weiterbildungen (Seminare, Kurse, Workshops) an, soweit diese für die neue Stelle relevant sind. Für ein künftiges Mitglied der Geschäftsleitung ist es nicht wichtig, dass es vor 20 Jahren einen Windows-Anfängerkurs besucht hat.

- **Sprachkenntnisse**
- Listen Sie Ihre Sprachkenntnisse inkl.

Niveau auf.

- Fügen Sie Sprachdiplome mit vollständigem Titel und Jahr des Erhalts hinzu.
- Wo sinnvoll, ergänzen Sie Ihre Sprachkenntnisse um weitere Details wie »mündlich und schriftlich« oder »Telefongespräche« etc.

- **Informatikkenntnisse**
- Führen Sie für die Stelle relevante Programme und das zugehörige Kenntnis-Niveau auf (z. B. Grundkenntnisse, gute Kenntnisse, sehr gute Kenntnisse, Experte) oder eventuell Zusatzinformationen (z. B. Excel: Experte, viele Vorlagen für Fachabteilungen erstellt).
- Nicht businessrelevante Programme (z. B. Flugsimulator) sowie Programme, die sicher nicht mehr im Einsatz sind, (z. B. Windows 98) können weggelassen werden.

- **Nebenberufliche Tätigkeiten**

- Erwähnen Sie nebenberufliche Tätigkeiten nur dann, wenn sie für die Stelle von Bedeutung sind.

- **Referenzen**
- Ob Referenzen im Lebenslauf detailliert dargestellt werden sollten oder nicht, sehen Recruiter unterschiedlich. Wer sie nicht explizit erwähnt, behilft sich mit einem Satz wie: »Referenzen teile ich auf Anfrage gerne mit«.
- Wer Referenzen bekannt geben will, sollte unbedingt sicherstellen, dass die genannten Kontaktdaten noch stimmen und dass die betreffenden Personen damit einverstanden sind, ihre Projekte als Referenzen für Sie anzugeben. Zudem sollten diese Firmen wissen, dass Ihr neuer Arbeitgeber bei ihnen anfragen könnte.

- **Foto**
- Ein Foto gehört in den Lebenslauf.

Informationen hierzu entnehmen Sie bitte dem entsprechenden Kapitel.

Checkliste

Bevor Sie einen Lebenslauf versenden, gehen Sie kurz die nachfolgende Checkliste durch und kontrollieren Sie, ob der Lebenslauf »passt«.

Formale Aspekte

Fehlerfrei?	• Orthografie
	• Namen / Adressen
	• Daten (Monat/Jahr)
	• Fakten
Schriften	• moderne Schrift
	• einheitliche Typografie
	• Titel hervorgehoben
Kopf- und Fußzeilen	• Kontaktdaten auf allen Seiten

	• ab Seite 2 existieren Seitenzahlen
Stellenrelevanz	• Bezug zur Stelle erkennbar • Gewichtung der früheren Positionen nach Stellenrelevanz
Reihenfolge	• rückwärts chronologisch (neu vor alt) • Weiterbildungen vor Schulen
Vollständigkeit	• Lebenslauf dokumentiert jedes Jahr • Angaben sind wahrheitsgetreu und positiv • Lücken sind positiv dargestellt
Daten vollständig	• Geburtsdatum

	• Zivilstand und Anzahl Kinder • Fahrausweise
berufliche Tätigkeiten	• Bezeichnungen stimmen mit Zeugnissen überein • Daten stimmen mit Zeugnissen überein
Aus- & Weiterbildung	• alle Daten sind vollständig, soweit relevant
Sprachen	• Sprachen und Niveau dargestellt
PC-Kenntnisse	• sowohl Software wie Hardware mit Level der Beherrschung aufgelistet • nur Berufsrelevantes
Layout	• übersichtlich, stilvoll • passt zu mir und zur angestrebten Stelle

	• zeigt meine Persönlichkeit (kein 08/15)
Foto	• Bewerbungsfoto, das der angestrebten Stelle angemessen ist • Größe und Auflösung stimmen
außer- berufliches Engagement und Hobbys	• dargestellt, soweit positiver Bezug zur Bewerbung
Referenzen	• dargestellt oder Verweis: »auf Anfrage«
Deckblatt	• passt zur angestrebten Stelle • konsistent mit Inhalt Bewerbung

Zusätzliche Erfolgsfaktoren

Neben den formalen und inhaltlichen Aspekten gibt es weitere Punkte, die Sie unbedingt beachten sollten. Oft sind sie es, die zum Entscheid »einladen« oder »absagen« führen.

Umgang mit Lücken im Lebenslauf

Personalverantwortliche und Recruiting-Fachleute sind darauf geschult, Ungereimtheiten und Lücken im Lebenslauf zu entdecken. Gegen Lücken ist zunächst nichts einzuwenden. Sie können sehr unterschiedliche Gründe wie Krankheit, Arbeitslosigkeit, berufliche Auszeit, Weiterbildung oder auch familiäre Pflichten haben.

Viele Menschen versuchen solche Lücken zu überdecken, indem sie beispielsweise nur Jahresangaben machen (2012: Kreditsachbearbeiter, Bank X). Solche Angaben wecken den Argwohn jedes professionellen Lesers und wirken dadurch eher kontraproduktiv. Schreiben Sie für Stellen immer monatsgenaue Angaben (diese werden bei der Lektüre der Arbeitszeugnisse ohnehin offensichtlich).

Lügen Sie auf keinen Fall! Solche Fehlinformationen fliegen spätestens beim Vorstellungsgespräch auf. Und selbst wenn sie nicht entdeckt werden und es zu einer Anstellung kommt, wären sie ein Grund für eine fristlose Kündigung.

Grundsätzlich ist zu beachten, dass niemand (der nicht krank ist) den ganzen Tag im Bett liegt. Füllen Sie Lücken wahrheitsgemäß mit sinnvollen Fakten wie beispielsweise:

• Selbststudium (dazu gehört auch die Lektüre von Fachbüchern und Fachmagazinen)

- Erweiterung branchenbezogener Kenntnisse, Weiterbildungen, Schulbesuche, Kurse, Bildungsreisen
- Neben- und Aushilfsjobs
- gemeinnütziges Engagement und Bekleidung von Ehrenämtern
- Vorbereitung auf Studien, Ausbildungen
- Praktika
- Aufgaben für die Familie (Hausfrau / Hausmann …)

Legen Sie den Fokus möglichst auf Tätigkeiten und gesammelte Erfahrungen, welche für die angestrebte Stelle wichtig sind. Bleiben Sie auch hier bei der Wahrheit und übertreiben Sie nicht.

Wenn Sie keine Tätigkeit zur Überbrückung darstellen können, ist dem Begriff »arbeitslos« eine aktivere Aussage wie »arbeitssuchend« oder »Bewerbungsphase« vorzuziehen – oder bei längeren Zeiträumen: »Berufliche Neuorientierung«.

Sollte eine längere Arbeitsunfähigkeit wegen einer Krankheit oder eines Unfalls eingetreten sein, kann dies auch entsprechend vermerkt werden. Allerdings sollten Sie klarstellen, welche berufsrelevanten Einschränkungen sich daraus ergeben oder ob Sie wieder vollständig einsetzbar sind.

Kurze Unterbrechungen von 1 bis 3 Monaten müssen Sie nicht ausführlich rechtfertigen. Im Allgemeinen akzeptiert ein Personalfachmann sie.

Wurde das Studium abgebrochen, können Sie dies positiver darstellen, indem Sie in ein paar Stichworten Tätigkeiten und erworbene Erfahrungen aufzeigen.

Der Slogan

Kennen Sie Sprüche wie: »Alles … oder was?«, »Nichts ist unmöglich!«, »… macht Kaffee zum Genuss«, »Hoffentlich … versichert?« oder »Wir geben Ihrer Zukunft ein Zuhause«?

Ein Slogan ist ein wichtiges Wiedererkennungsmerkmal für ein Produkt, eine Person oder eine Dienstleistung. Im Kontext einer Bewerbung ist dies aber häufig nicht wichtig. Die Wahrscheinlichkeit, dass Sie sich mehrfach bei derselben Firma bewerben, ist gering. Und selbst wenn, so ist es eher negativ, wenn man sich daran erinnert, Ihnen bereits fünf Absagen geschickt zu haben.

Hingegen ist der zweite Aspekt eines guten Slogans für Sie von großer Bedeutung. Ein guter Slogan stellt Ihre Identität dar und vermittelt eine klare Botschaft. Dies kann einem Bewerber den entscheidenden Schub geben, der sein Dossier über den Stapel der Absagen hinwegkatapultiert.

Bei der Gestaltung Ihres Slogans geht es darum, Ihre Stärken, Ihre Fachkenntnisse und Ihre Persönlichkeit deutlich zu machen. Bringen Sie Ihre Kompetenzen auf den Punkt! Dabei ist ein Slogan nicht mit Ihren beruflichen Zielen zu verwechseln. Versetzen Sie sich in die Rolle einer Fachperson, die Dutzende Bewerbungen für eine Stelle erhält.

Ein Slogan, sozusagen der Titel Ihrer Bewerbung, erleichtert Ihrem Gegenüber die Arbeit. Zudem kann er Interesse wecken, die Bewerbung intensiver zu beachten. Der Slogan ist sozusagen die Kernbotschaft oder der Kernnutzen, den Sie Ihrem Gegenüber vermitteln möchten.

Grundregeln für einen Slogan sind:

- Darstellung Ihrer Funktion oder Kompetenzen
- 5 bis 10 Worte – knapp auf den Punkt
- als Titel einsetzen (ich rate aber davon ab, diesen durch besonders große Schrift oder Farben etc. extrem hervorzuheben; die Position am Anfang des Lebenslaufes wirkt genug)
- stichhaltig, präzise und prägnant auf den Punkt bringen
- die Aussage muss sich durch den Lebenslauf und das Bewerbungsdossier verifizieren lassen

Ein Slogan ist kein Selbstzweck. Seine zentrale Aufgabe liegt darin, Ihr Gegenüber, egal ob Personalberater oder Personalrekrutierer, anzusprechen und so neugierig zu machen, dass er sich gerade Ihren Lebenslauf genauer anschaut und sich dazu Gedanken macht. Entsprechend sinnvoll ist es, den Slogan auf jede

Bewerbung individuell anzupassen. Kurz: Der Slogan erfüllt seine Aufgabe dann, wenn er keinen Zweifel darüber lässt, was Ihr Mehrwert für die ausgeschriebene Stelle ist.

Seien Sie in Ihrem Slogan zurückhaltend mit abgedroschenen Adjektiven wie »motiviert«, »dynamisch«, »kompetent« oder »erfahren«. Sie geben keinen Aufschluss über Ihre wirkliche Eignung für die Stelle, sondern stellen lediglich Marketing-Worthülsen dar. Wählen Sie besser einen USP, der auch beim Gegenüber richtig ankommt. Wer als Slogan sinngemäß schreibt: »Ich kann alles«, sendet im Allgemeinen aus: »Ich tue vieles, aber nichts richtig.«

Das Bewerbungsfoto

Das Bewerbungsfoto gibt weit mehr über den Bewerber preis, als dieser je vermuten würde. Anders als ein Passfoto, welches der Identifikation der Person dient, soll das Bewerbungsfoto

Ihre Person präsentieren. Verwenden Sie deshalb keine Passfotos für ihre Bewerbung. Außerdem sollten Sie bei der Wahl eines Bewerbungsfotos folgende Aspekte beachten:

- **Aktualität:** Das eingereichte Foto sollte maximal 2 bis 3 Jahre alt sein. Wenn Sie der Personalverantwortliche beim Vorstellungsgespräch nicht wiedererkennt, fühlt er sich verschaukelt. Aus diesem Grund sollte auch nicht retuschiert werden.
- **Professionell:** Kompetente Fotografen[3] haben Erfahrung mit der Erstellung von Bewerbungsfotos und können diese auch so gestalten, dass sie zum angestrebten

---

[3] Beachten Sie: Jeder kann ein Fotogeschäft eröffnen oder seine Dienste als Fotograf anbieten. Lassen Sie sich unbedingt Muster zeigen oder fragen Sie Bekannte nach Empfehlungen. Manche »Fotografen« bieten für teures Geld eine Leistung, welche Ihnen Chancen verbaut.

Berufsziel passen. Privatfotos aus Urlaub, von Familienfesten oder ein selbst hergestelltes Handyfoto wirken wenig professionell, deplatziert oder illustrieren Ihr Desinteresse an der angebotenen Stelle.

- **Styling:** Ein gepflegtes Äußeres sollte selbstverständlich sein. Zudem sollte das Styling in jedem Fall der angestrebten Stelle entsprechen. Setzen Sie Make-up und Accessoires sparsam ein und verzichten Sie auf Piercings. Achten Sie ebenso auf Spiegelungen bei Brillen.

- **Kleidung:** Ihre Kleidung darf Ihren Lebensstil repräsentieren. Verkleiden ist keine gute Idee. Selbst hier geht es um Authentizität. Daneben gilt es aber auch, den branchenüblichen Dresscode zu beachten. Wer keine Krawatte anziehen mag, sollte sich womöglich nicht für eine Position als Kundenberater in einer Bank bewerben.

- **Mimik:** Ein Lächeln macht immer

sympathisch. Sehen Sie direkt und offen in die Kamera und treten Sie damit bereits optisch in Kommunikation zum Gegenüber.

- **Farbe:** Ob man das Bild im Lebenslauf schwarz-weiß oder farbig wählt, ist weitgehend Geschmackssache. Je nach angestrebter Stelle kann man hier auch mit gewissen Effekten spielen. Ein Bewerbungsbild in Sepia ist mir gut in Erinnerung. Es passte zum gesamten Auftritt der Kandidatin. Auf grelle Farben und Muster sollten Sie jedoch genauso verzichten wie auf sinnlose kreative Spielereien.

- **Format:** Bewerbungsfotos sind üblicherweise etwa 4,5 x 6,5 cm groß oder leicht größer. Vermeiden Sie Bilder im Fingernagelformat und großflächige Gemälde.

- **Passt es?** Schlussendlich sollten Sie beim Bild kritisch hinterfragen, ob es sowohl zu Ihrer Darstellung im Lebenslauf als auch zur angestrebten Position passt. Wenn Bewerbungsbild und Lebenslauf zu unterschiedlich aussehen, wirkt die Person nicht authentisch.

Sind Sie sich wegen Ihres Bildes unsicher, befragen Sie ruhig ein paar Freunde und Bekannte. Bitten Sie diese, Ihnen ganz offen zu sagen, was sie denken. Es ist weit angenehmer, wenn Ihr Kumpel Ihnen sagt, aus welchem Grund Ihr Bild unpassend ist, als wenn Sie deshalb laufend Absagen bekommen und den Grund nicht verstehen.

Fragen:

- Wie wirkt das Foto auf dich?
- Stellt mich das Bild so dar, wie du mich siehst? (Authentizität)
- Passt das Bild für jemanden, der als X arbeiten will? (Adressatenfokus)

- Findest du das Bild professionell?
- Passen Outfit und Styling?
- Wie wirkt der Gesichtsausdruck auf dich? Was denke ich da wohl gerade?
- Was denkst du zu Farbe, Größe und Bildausschnitt?
- Wie findest du die Auflösung?
- Was könnte ich besser machen?

Deckblatt zum Lebenslauf

Im Zeitalter der elektronischen Bewerbung kommt das Deckblatt immer weiter abhanden. Das ist schade, denn ein gut gestaltetes Deckblatt gibt dem Kandidaten eine zusätzliche Werbefläche, auf der er sich in Bezug auf die angestrebte Stelle ins beste Licht rücken kann.

Wird ein Deckblatt eingesetzt, ergibt sich dadurch folgende Reihenfolge in der Bewerbung (sowohl bei gedruckter wie auch bei elektronischer Form):

1.	Anschreiben (separat / lose)
2.	Bewerbungsmappe mit:
	Deckblatt
	Lebenslauf
	Zeugnisse und Diplome
	Weitere Beilagen (so weit verlangt)

Ein Deckblatt sollte die folgenden Informationen enthalten:

- Stellentitel (z. B. Bewerbung als Chefkoch im Restaurant X)
- Bewerbungsfoto
- Ihre Kontaktdaten
- Bei Bedarf kann noch ein kurzes »Inhaltsverzeichnis« angefügt sein, wenn es

sich um ein umfangreicheres Dossier handelt.

Optimieren Sie Ihren Lebenslauf

Ihr Lebenslauf im Speziellen und das Bewerbungsdossier im Allgemeinen gehören zu den wichtigsten Verkaufswerkzeugen, um Ihre Traumstelle zu finden. Wie so vieles im Leben ist auch ein Lebenslauf nie wirklich fertig. Er sollte laufend optimiert werden.

Zeigen Sie Ihre Unterlangen Freunden und lassen Sie sich Feedback sowie Verbesserungsvorschläge geben. Seien Sie in jedem Fall auch kritisch zu den Feedbacks und überlegen Sie, ob und inwieweit Sie diese umsetzen wollen. Die Unterlagen müssen zu Ihnen passen.

Wenn Sie auf eine Bewerbung eine Absage erhalten haben, besteht die Möglichkeit, sich für die Bemühungen des Gegenübers zu bedanken und höflich anzufragen, ob die Person Ihnen einen Tipp geben mag, wie Sie sich künftig noch besser bewerben könnten. Das hat zwei Effekte: Zum einen bekommen Sie eventuell eine Rückmeldung von einem Profi[4] und daneben schaut die Person im besten Fall nochmals durchs Dossier und kommt im allerbesten (aber extrem seltenen Fall) noch einmal auf die Absage zurück.

---

[4] Natürlich haben Sie keinen Anspruch auf ein solches Feedback, aber wer freundlich fragt, bekommt zuweilen auch eine freundliche, kompetente Antwort.